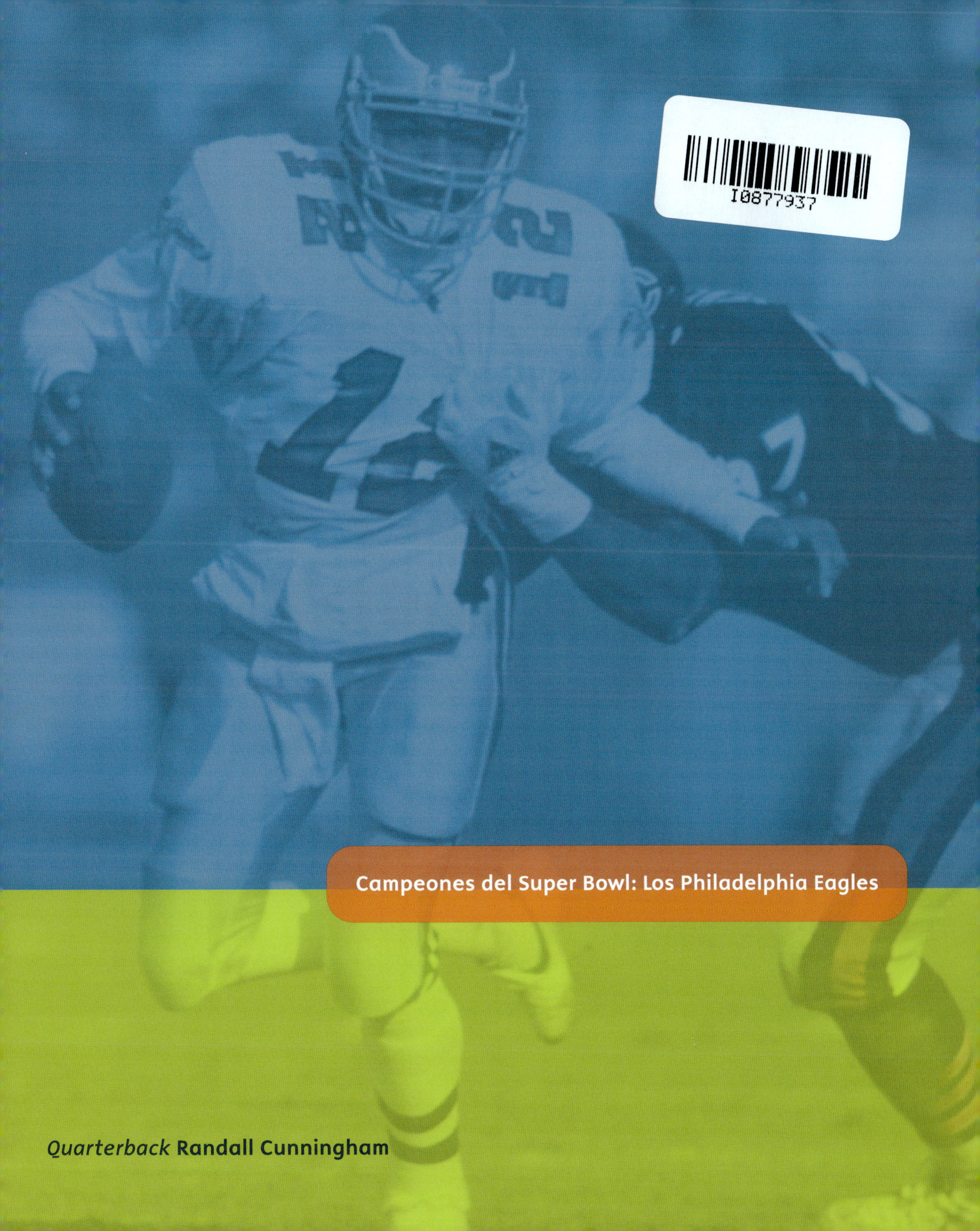

Campeones del Super Bowl: Los Philadelphia Eagles

Quarterback **Randall Cunningham**

Liniero defensivo Brandon Graham

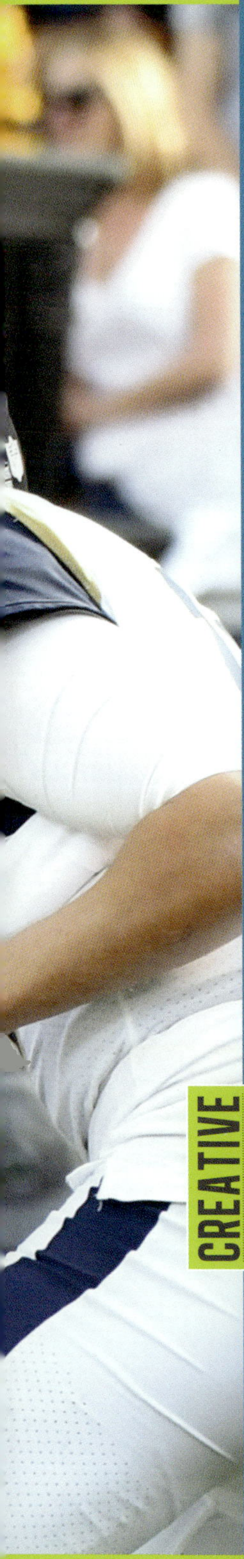

CAMPEONES DEL SUPER BOWL

LOS PHILADELPHIA EAGLES

MICHAEL E. GOODMAN

CREATIVE SPORTS

CREATIVE EDUCATION / CREATIVE PAPERBACKS

Publicado por Creative Education y Creative Paperbacks
P.O. Box 227, Mankato, Minnesota 56002
Creative Education y Creative Paperbacks son marcas editoriales de The Creative Company
www.thecreativecompany.us

Diseño y producción de Blue Design (www.bluedes.com)
Dirección de arte de Rita Marshall
Traducción de TRAVOD, www.travod.com

Fotografías de Alamy (Cal Sport Media, ZUMA Press, Inc.), AP Images (ASSOCIATED PRESS), Corbis (Harry Hirsch), Getty Images (George Gojkovich, Icon Sportswire, Hunter Martin, Ronald C. Modra/Sports Imagery, Robert Riger, Rich Schultz, Patrick Smith, Thomas E. Witte), Unsplash.com (Leo Serrat)

Información del Catálogo de publicaciones está disponible de la Biblioteca del Congreso.
ISBN 978-1-64026-659-9 (library binding)
ISBN 978-1-68277-215-7 (paperback)
ISBN 978-1-64000-800-7 (eBook)

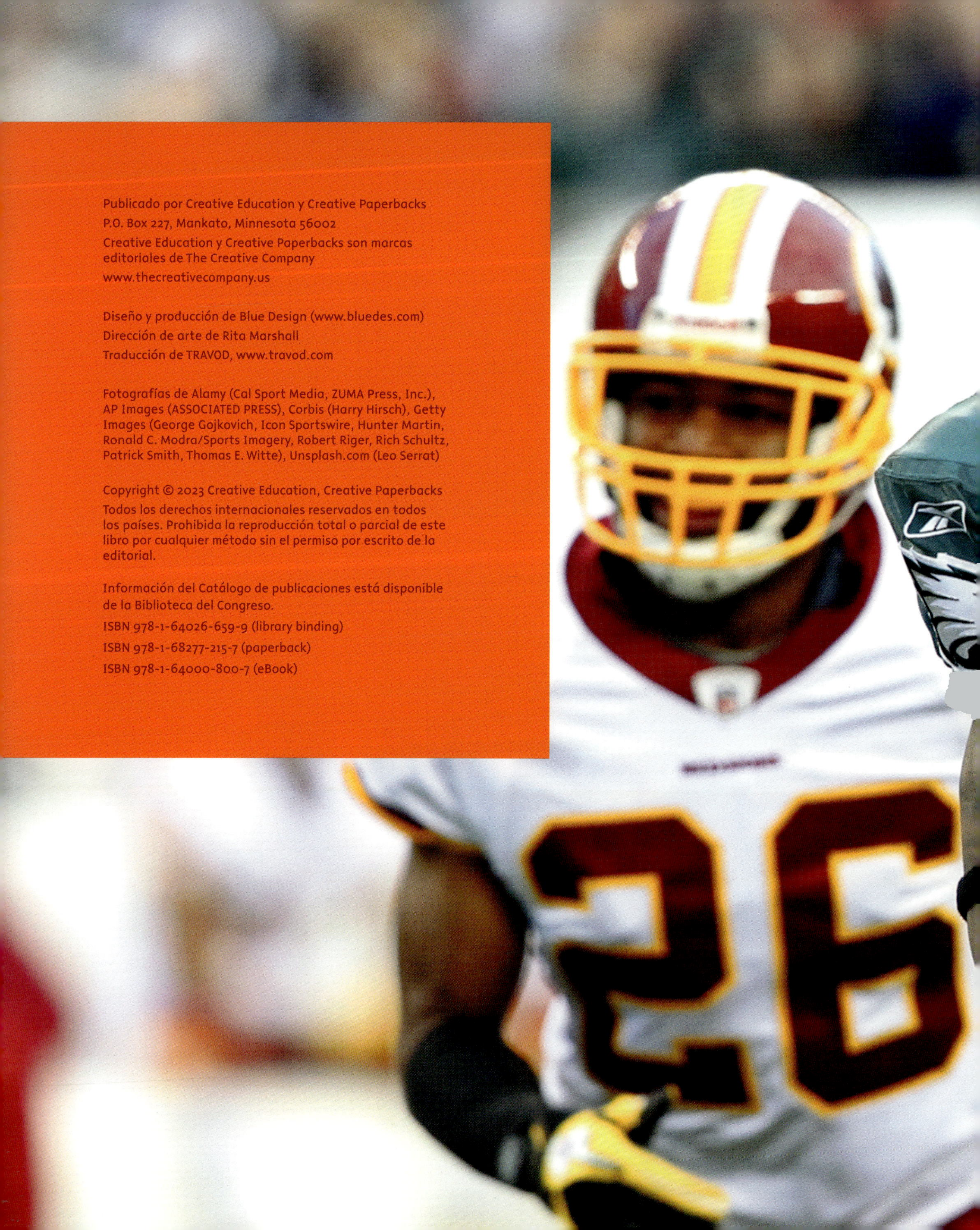

Receptor abierto DeSean Jackson

Liniero defensivo Fletcher Cox

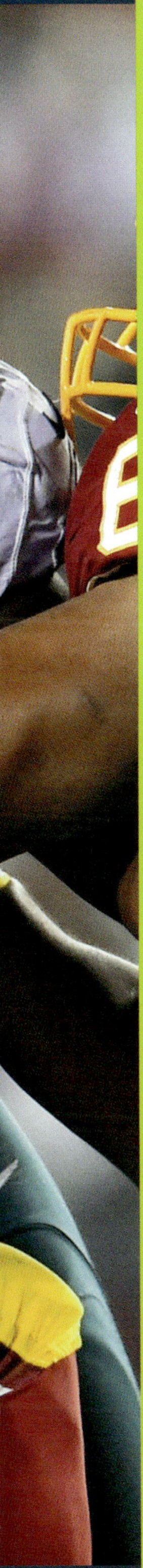

CONTENIDO

Hogar de los Eagles

Filadelfia, Pensilvania, jugó un papel importante en la historia de los Estados Unidos. Ahí se firmó la Declaración de Independencia en 1776. Filadelfia es también el hogar de los Philadelphia Eagles. Ellos juegan en el estadio Lincoln Financial Field.

Los Eagles son parte de la Liga Nacional de Futbol Americano (NFL). Uno de sus rivales son los New York Giants. Todos los equipos de la NFL intentan ganar el Super Bowl. El ganador es el campeón de la liga.

ONE WAY

Quarterback **Carson Wentz**

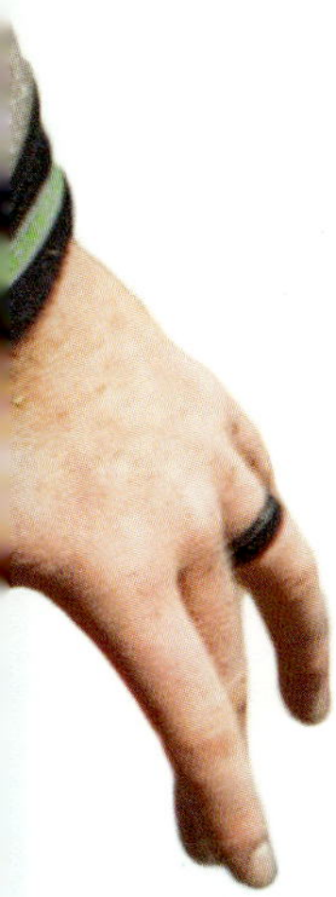

Elegirse el nombre de los Eagles

El águila calva es el ave nacional de los Estados Unidos. Es una gran cazadora. Los primeros propietarios del equipo pensaron que el nombre Eagles (águilas) encajaba con la historia de Filadelfia. Los cascos de los jugadores tienen alas pintadas en ellos.

Corredor Steve Van Buren

Historia de los Eagles

Los Eagles comenzaron a jugar en 1933. Al principio, perdieron muchos juegos. Luego Greasy Neale se convirtió en entrenador. Llevó a Philadelphia a los campeonatos de la NFL en 1948 y 1949. El corredor poderoso Steve Van Buren fue el héroe de ambos juegos en los que ganaron el título.

En la década de 1950, Chuck Bednarik jugó como linebacker en la **defensa** y como centro en la **ofensiva**. Jugó cada minuto de cada partido durante muchas temporadas. Pete Pihos era el primer gran receptor de pases de los Eagles.

Los Eagles ganaron un tercer campeonato de la NFL en 1960 contra los Green Bay Packers. Faltando segundos para el final, Bednarik hizo una tacleada que salvó el juego cerca de la línea de gol. Los Eagles apenas ganaron, por 17-13. Bednarik calificó la tacleada como "la mejor jugada que he hecho".

Linebacker **Chuck Bednarik**

Quarterback Ron Jaworski

En 1980, el duro *quarterback* Ron Jaworski y el imponente receptor abierto Harold Carmichael llevaron a los Eagles al Super Bowl XV (15). Pero los Oakland Raiders los vencieron, por 27–10.

Otras estrellas de los Eagles

Andy Reid se convirtió en su entrenador en 1999. Llevó a los Eagles a las **eliminatorias** 9 veces en 14 temporadas. El *quarterback* Donovan McNabb impulsó la ofensiva. El profundo Brian Dawkins hizo muchas **intercepciones**. Los Eagles llegaron al Super Bowl XXXIX (39). Pero perdieron ante los New England Patriots.

Profundo Brian Dawkins

Ala cerrado Zach Ertz

Los Eagles regresaron al Super Bowl después de la temporada 2017. Se enfrentaron a los Patriots de nuevo. Cerca del final del juego, el **ágil** *quarterback* Nick Foles lanzó un pase para **touchdown** al ala cerrado Zach Ertz. ¡Los Eagles ganaron el Super Bowl LII (52)! Los aficionados de Philadelphia esperan pronto otra victoria en el Super Bowl.

Acerca de los Eagles

Comenzaron a jugar: En 1933

Conferencia/división: Conferencia Nacional, División Este

Colores del equipo: verde y blanco

Estadio: Lincoln Financial Field.

VICTORIA EN EL SUPER BOWL:

LII, 4 de febrero de 2018, 41–33 contra los New England Patriots

Sitio web de los Philadelphia Eagles: www.philadelphiaeagles.com

Glosario

ágil — que corre para todos lados para alejarse de los tacleadores

defensa — los jugadores que intentan evitar que el otro equipo anote

eliminatorias — juegos que llevan a cabo los mejores equipos después de una temporada para ver quién será el campeón

intercepciones — jugadas en las que un jugador defensivo atrapa un pase lanzado por el otro equipo

ofensiva — los jugadores que controlan el balón e intentan anotar

touchdown — una jugada en la que un jugador lleva el balón o lo atrapa en la zona de anotación del otro equipo para anotar seis puntos

Esquinero Asante Samuel

Índice